LE BANQUET DES DIEUX POUR LA NAISSANCE DE MONSEIGNEUR LE DUC DE BOURGOGNE.

A PARIS,
Chez JEAN BAPTISTE COIGNARD, Imprimeur & Libraire ordinaire du Roy, ruë S. Jacques, à la Bible d'or.

M. DC. LXXXII.
AVEC PERMISSION.

LE BANQUET DES DIEUX POUR LA NAISSANCE DE MONSEIGNEUR LE DUC DE BOURGOGNE.

A Madame Tallemant.

JE ne doute point, Madame, qu'on ne vous ait envoyé un grand nombre de Relations des rejoüissances qui se sont faites par toute la Terre pour la Naissance de Monseigneur le Duc de Bourgogne ; car jamais marques de joye n'ont esté plus grandes, ny plus universelles ; & il semble que les peuples ayent voulu les proportionner à l'amour, au zele, & à la veneration qu'ils ont pour le plus grand Monarque qui ait jamais esté : mais peut-estre, Madame, que personne ne vous a encore mandé les rejoüissances que les Dieux en ont faites dans le Ciel, avec une magnificence digne d'eux, & digne du ſujet de leur joye. Comme j'ay eu le bonheur d'y eſtre preſent, & de les voir moy-meſme, j'ay crû que vous ne ſeriez pas faſchée d'en lire la Relation exacte & fidelle que je vous envoye.

Aprés m'eſtre acquité de mon devoir de bon Sujet par une illumination en petit, quelques lanternes, & quelques fuſées, je m'enfermay pour ſatisfaire au devoir d'homme du Parnaſſe. J'invoquay Polyhymnie, c'eſt celle des Muſes à qui je m'adreſſe en pareilles rencontres, elle n'eſt pas comme Clio, & Calliope, qui ne chantent que les Dieux & les Heros, ou comme Melpomene qui ne travaille que pour le Theatre; c'eſt une eſpece de Marchande meſlée qui fait des Odes, des Stances, des Sonnets, des Madrigaux, & autres menus ouvrages. Je l'invoquay long-temps ſans qu'elle vint, & je crus qu'elle étoit occupée à ſatisfaire à une infinité d'autres gens qui avoient auſſi beſoin de ſon ſecours; car tout le monde s'eſt meſlé de poëſie en cette occaſion. Je reiteray mes invocations, & enfin elle vint, non pas pour travailler avec moy, mais pour me dire qu'elle n'en avoit pas le loiſir ; qu'elle & ſes ſœurs eſtoient priées d'un grand feſtin que Jupiter donnoit à tous les Dieux, pour celebrer la naiſſance du Heros que le Ciel venoit de donner à la France, & qu'elle n'avoit que le temps qu'il luy falloit pour s'habiller. Je n'eus pas le mot à dire, ſachant le temps qu'il faut à une Muſe pour prendre ſes habits de ceremonie. Elle eut pitié de moy, & me dit avec bonté que ſi je voulois voir cette Feſte, elle m'y meneroit avec elle ; que je n'avois qu'à me mettre, & à me cacher dans le nuage qui luy ſert de chart pour la porter où elle veut. J'acceptay l'offre avec plaiſir, & il me ſembla en meſme temps que nous traverſions les airs avec une rapidité inconcevable. Nous arrivâmes ſur une montagne, qui apparamment eſtoit le Parnaſſe, & auſſi-toſt elle me fit entrer avec elle dans un petit cabinet de verdure. Ce cabinet n'eſtoit pas extrêmement propre, ny bien rangé, pluſieurs livres, & pluſieurs papiers meſlez enſemble avec des inſtrumens de muſique occupoient tous les ſieges, & nous euſmes bien de la peine à en debaraſſer deux pour nous aſſeoir. Elle ſe mit à ſa toillette ; & pendant qu'elle se coëffoit, elle me dit cent nouvelles des affaires du Parnasse. Elle me rapporta le jugement qu'Apollon avoit fait des Auteurs de ce temps , & de leurs ouvrages, un peu different de celuy des pretendus connoisseurs de ce bas monde; Elle m'expliqua toutes les intrigues de la cabale, & ensuite elle s'estendit sur le grand desordre de n'avoir qu'une troupe de Comediens à Paris, chose dont Melpomene se plaignoit fort ; elle me dit encore cent choses curieuses qui meritent que je vous en envoie une Relation particuliere : je vous diray seulement par avance qu'elle me parla avec une grande estime du Prieur de Sausseuse , & de nostre bon amy M. Boyer.

Quand elle fut habillée , je ne la reconnoissois plus, tant elle estoit belle & magnifique. Ce n'estoit que perles & pierreries de toutes sortes, les plus grosses, & les plus brillantes que j'aye jamais vûës; il me sembla en considerant le petit cabinet où nous estions , que j'estois avec la Moliere , ou la Champmeslé, dans la loge où elles s'habillent , si ce n'est que toutes les pierreries de la Muse estoient fines, contre son ordinaire;

mais elle me dit que quand elle & ses sœurs se parent pour faire honneur à LOUIS le Grand, elles n'y employent jamais rien qui soit faux. Elle sortit donc pour se joindre à ses sœurs, & prendre ensemble le grand chemin de l'Olympe. Ce chemin fourmilloit de Dieux & de Déesses de tous estages, & de toutes conditions, la pluspart dans des voitures bigearres, & dont les attelages estoient extravagans; on en voyoit dans des coquilles traisnées par des poissons, d'autres sur de petits chars tirez par des moineaux & des chauve-souris, ce qui me fit souvenir de ces avortons de carosses qui sont parmi nous, des Crenans, des Francines, des soufflets, & autres reptiles semblables, qu'on voit éclorre tous les jours dans les ruës & sur les grands chemins. Aprés quelques heures de marche, les Muses arriverent dans le Palais de Jupiter, dont nous remettrons, s'il vous plaist, Madame, la description à une autre fois. Elles monterent dans une antichambre pour se reposer, & pour rajuster leur coëffure que la fatigue du voiage avoit un peu mise en desordre. Polyhymnie prit ce temps-là pour me faire entrer dans la Salle qui estoit desia pleine de gens faits comme moy, par où je connus que ce n'est pas seulement aux Balets du Roy, où les menus Officiers font entrer leurs amis, & leurs Demoiselles Il ne se peut rien imaginer de plus magnifique que cette Salle. Figurez-vous, s'il vous plaist, Madame, quelle peut estre la voute, les murs, les colonnes, les pillastres, & tous les ornemens d'un lieu où l'on marche sur les estoilles Les tables estoient d'une propreté inconcevable; Flore achevoit de les semer de fleurs, suivie de plusieurs Nymphes qui en portoient des corbeilles toutes pleines, pour orner de grands vases portez sur les gradins d'un buffet le plus riche & le plus éclatant que l'imagination se puisse figurer; Bacchus avoit estably ses Satyres & ses Silvains autour de ce buffet sous la conduite de Silene, pour avoir le soin des boissons avec Hebe & Ganymede, & particulierement du vin de Bourgogne qui devoit faire l'honneur principal de la Feste, & dont les Dieux avoient resolu de boire preferablement à tous les autres vins, & au Nectar mesme. Il se fit un grand bruit vers la porte comme de gens qui se battent,

& qui font du desordre; on nous dit que c'estoit Mars qui entroit, & qu'il n'entroit jamais autrement, la Terreur alloit devant luy, Bellone marchoit à son costé & il estoit suivy de la Victoire. Venus arriva un moment aprés: aussi-tost qu'elle parut, chacun tressaillit de joye: une odeur agreable s'épandit dans toute la Salle, & les objets en parurent la moitié plus beaux; ses yeux brillans caressoient tous ceux qu'elle regardoit, & un petit souris obligeant, qui augmentoit encore la beauté de sa bouche, sembloit dire à tout le monde, qu'elle vouloit bien que l'on l'aimast: je fus surpris de voir que ceux qui estoient prés de moy, se disoient l'un à l'autre, qu'elle ressembloit admirablement à leurs maistresses, car je les connois toutes, & pas une asseurement ne ressemble à Venus. Je voulois leur en témoigner mon estonnement, mais ayant fait reflexion que Venus m'avoit paru avoir tout l'air d'une certaine personne, qui peut-estre dans la verité luy ressemble encore moins que toutes les autres; je crus qu'il valloit mieux ne rien dire, & laisser chacun joüir paisiblement de l'imagination agreable, dont il se flattoit. L'Amour ſuivoit ſa mere, tel qu'on le dépeint ordinairement, c'eſt pourquoy je ne vous en diray rien davantage, auſſi-bien on n'en parle que trop. Les Graces venoient enſuite, elles me plurent extrêmement, on ne peut pas dire que ce ſoient des beautez parfaitement regulieres ; mais leur contenance eſtoit ſi naturelle, leur geſte ſi aiſé, & toutes leurs manieres ſi touchantes qu'elles ne faiſoient, & ne diſoient rien qui n'allaſt juſqu'au cœur. Je fus ſurpris de voir qu'elles eſtoient veſtuës, & que meſme leurs habits eſtoient ſemblables à ceux des Dames de ce monde, qui ont le don de ſe bien mettre, car j'avois toujours oüy dire qu'elles eſtoient toutes nues. Un Dieu qui devina ma penſée me dit qu'il eſtoit vray que durant le ſiecle d'or elles n'avoient porté aucuns veſtemens, mais que depuis elles s'eſtoient toujours habillées, & toujours ſelon les modes, à qui elles donnoient une vogue merveilleuſe auſſi-toſt qu'elles les ſuivoient. Qu'il ſe ſouvenoit de leur avoir veu des collets montez & des vertugadins, & avant cela des robes fort ſerrées, dont le corps leur montoit juſques ſous le menton, &

dont

dont les manches leur descendoient jusques sur les mains, & que tous ces differens habits quand elles les avoient portez leur sieoient admirablement. Les autres Dieux arriverent ensuite, & l'on n'attendoit plus que Jupiter, qui parut enfin, mais avec une pompe, & une majesté digne du maistre du Ciel & de la terre. Aussi-tost qu'il fut entré, on servit sur table, & tous les Dieux prirent leur place. Les Nymphes de Cerés apporterent dans de grandes corbeilles des pains de toutes les façons, & au dessert elles servirent toutes sortes de biscuits, & de massepains. Les Nymphes de Diane servoient le gibier que leur maistresse avoit pris à la chasse, & que Vulcain avoit fait cuire. Pomone & ses Nymphes apporterent des fruits les plus beaux du monde, & tels qu'on commence à en voir depuis que nostre illustre amy se mesle si heureusement de la culture des jardins de Versailles. Parmy les mets du festin il y en eut un qui fut servi à chacun des Dieux en particulier ; on me dit que c'estoit de l'ambrosie, & quelqu'un adjousta que cette ambrosie n'estoit autre chose qu'un mets ordinaire, mais celuy que chaque Dieu aime le mieux, & qui est accommodé ſelon ſon gouſt. Je remarquay que celuy qu'on ſervit à Mars, ſentoit fort l'ail & la roquenbole, & que celuy qu'on porta à Venus exhaloit un odeur d'ambre gris, & de fleur d'orange ; on me dit auſſi que ſur chacun de ces plats d'ambroſie on y verſoit un peu d'eſſence formée de la vapeur agreable des ſacrifices qui leur ont eſté offerts. Tous les Dieux me parurent manger parfaitement bien ; & ne pas dédaigner cette innocente occupation ; ils beuvoient de la meſme force, & c'eſtoit un plaiſir de voir Hebe & Ganymede avec les Silvains & les Satyres aller de table en table avec de grands vaſes & de grandes coupes dorées verſer à boire à la Troupe immortelle. Sur la fin du repas une ſymphonie de toutes ſortes d'inſtrumens la plus grave & la plus majeſtueuſe qui fut jamais ſurprit agreablement toute la compagnie. Aprés qu'elle eut duré quelque temps, elle ceſſa pour faire place à une autre ſymphonie moins forte, mais non pas moins agreable, ſur laquelle Jupiter chanta les paroles qui ſuivent :

Vous avez sçû, Trouppe immortelle,
L'agreable nouvelle
Qui rend de toutes parts les Peuples rejoüis,
Et qui vient de combler le bonheur de LOUIS.
Celebrons l'heureuse naissance
Du Heros qu'en ce jour le Ciel donne à la France.

Tous les DIEUX ensemble repeterent en chantant ces deux derniers Vers:

Celebrons l'heureuse naissance
Du Heros qu'en ce jour le Ciel donne à la France.

JUPITER.

C'est le sang de LOUIS, *ce Roy victorieux,*
Sous qui toute l'Europe tremble,
Et qui ne voit rien sous les Cieux,
Qui l'égale ou qui luy ressemble.
C'est pour luy que je vous assemble
Dans ce Palais delicieux,
Prenons part tous ensemble

Au bonheur d'un Heros, ſi grand, ſi glorieux,
Le modelle des Roys, & l'image des Dieux.

Tous les DIEUX repeterent:

Prenons part tous enſemble
Au bonheur d'un Heros, ſi grand, ſi glorieux,
Le modelle des Roys, & l'image des Dieux.

On ne peut pas chanter avec plus de force, ny avec plus de majeſté que Jupiter. Le Chorus que firent les Dieux, eſtoit une choſe qui enlevoit l'ame; c'eſtoit une harmonie pleine, juſte & reglée, où toutes les parties, & meſme toutes les voix ſe faiſoient entendre également; aucunes d'elles n'avoit cette maudite envie qu'elles ont parmi nous d'étouffer toutes les autres. Les Dieux ne ſongeoient qu'à rendre l'harmonie parfaite, & non pas à ſe diſtinguer en particulier, comme la pluſpart de ceux qui chantent icy bas.

Lorſque le Chœur eut ceſſé de chanter, & que la grande ſymphonie eut joüé encore quelque temps, Apollon prit ſa lyre, & chanta ces paroles:

Je voy

Je voy dans l'avenir, malgré ses replis sombres,
Dont mes regards percent les ombres,
De ce jeune Heros, mille Exploits éclattans,
Jamais la Fable, ny l'Histoire
N'ont rien dit de plus beau dans la suite des temps,
Et rien n'égallera son bonheur, & sa gloire.

Les MUSES qui s'estoient rangées prés d'Apollon, & qui avoient fait avec leurs instrumens une symphonie admirable pendant qu'il chantoit, reprirent ces dernieres paroles :

Jamais la Fable ny l'Histoire
N'ont rien dit de plus beau dans la suite des temps,
Et rien n'égallera son bonheur & sa gloire.

APOLLON se tournant vers les Muses & les regardant, chanta ce qui suit :

Combien de fois, les exploits de LOUIS
Que vos beaux vers à jamais feront vivre,
Vous ont ils les yeux éblouïs,

Et causé la douleur de ne les pouvoir suivre,
Filles de Jupiter, avoüez entre nous,
Qu'aprés tant de chants de Victoire,
Et tant de monumens d'eternelle memoire,
Le repos vous sembleroit doux.
Non non son immortelle Race
Suivra sa glorieuse trace,
Il n'est point de repos pour vous.

Les MUSES reprirent.

Non non, son immortelle Race
Suivra sa glorieuse trace,
Il n'est point de repos pour nous.

APOLLON continua en cette maniere.

Chantez cette aimable Princesse
Dont le Ciel a fait choix pour l'Empire des Lis,
Qui par la Naissance d'un Fils,
Le remplit de bonheur de gloire & d'allegresse,

Et rend tous ſes vœux accomplis.
Chantez cette Princeſſe heureuſement feconde,
Qui donne pour jamais des Roys à tout le monde.

Les MUSES reprirent.

Chantons cette Princeſſe heureuſement feconde,
Qui donne pour jamais des Roys à tout le monde.

Vous pouvez penſer, Madame, ſi Apollon & les Muſes chanterent bien, & ſi la compagnie en fut contente. Cependant Momus ce Dieu railleur, qui trouve à redire à tout, dit qu'il ne falloit pas eſtre grand devin pour faire de ſemblables predictions, & que le moindre mortel en diroit autant, pour peu qu'il connuſt le Pere & l'Ayeul.

La ſymphonie joüa long-temps toute ſeule en cet endroit, parce que Mars, à qui c'eſtoit le rang de chanter, s'en excuſoit, diſant qu'il eſtoit enrhumé. Momus dit plaiſamment : Je croy bien qu'il eſt enrhumé ; car il y a long-temps qu'il ſe morfond. Apollon adjouſta : Et il ſe morfondra encore long-temps. LOUIS a si bien fait voir à ses voisins ce qu'il en couste à l'attaquer, qu'il ne leur prendra pas si-tost envie de mesurer leurs forces contre les siennes. Le mot du Dieu Goguenard fit rire la compagnie : Et Venus, qui s'aperçeut que son Amant en estoit un peu deconcerté, dit d'un air enjoüé : il faudra bien qu'il chante. Et en effet, soit qu'il fust piqué de la raillerie de Momus, soit qu'il ne voulust pas en dedire cette aimable Deesse. Il se resolut à chanter avec elle.

VENUS.

Que nous verrons un jour, de festes & de jeux.

MARS.

Que nous verrons un jour, de combats dangereux.

VENUS.

Heros ne fut jamais, plus beau ny plus aimable.
On ne pourra luy refuser son cœur.

MARS

MARS.

Heros ne fut jamais plus grand, plus redoutable,
Tout flechira sous sa valeur.

VENUS.

Jeunes beautez, craignez ses charmes.

Les trois GRACES repeterent.

Jeunes beautez, craignez ses charmes.

MARS.

Braves guerriers, craignez ses armes.

La TERREUR, BELLONE & la VICTOIRE qui estoient proche de Mars reprirent ces paroles.

Braves guerriers, craignez ses armes.

VENUS.

Redoutez sa douceur.

MARS.

Redoutez son couroux.

Les GRACES.

Redoutez sa douceur.

La TERREUR, BELLONE & la VICTOIRE

Redoutez son couroux.

VENUS & MARS.

Son sort sera mille jaloux.

Tous ensemble.

Son sort sera mille jaloux.

VENUS & MARS.

Il sera couronné de gloire
Par l'Amour & par la Victoire.

Tous ensemble.

Il sera couronné de gloire
Par l'Amour & par la Victoire.

Ces deux derniers vers qui furent repetez deux ou trois fois, estoient chantez sur un air fort gay, & lorsque les voix eurent cessé, & que la symphonie joüoit encore, les trois Graces se mirent à danser une espece de Menuet le plus agreable du monde. Elles passoient l'une devant l'autre; & s'enlançoient de telle sorte qu'il y en avoit toûjours une que l'on voyoit de face, une autre par derriere, & la troisiéme de costé, ce qui ressembloit en quelque sorte à nos Olivetes. Quand elles avoient dansé quelque temps, la Terreur, Bellonne, & la Victoire dansoient sur une autre symphonie composée de Timbales, de Clairons, & de Trompettes. Cette danse avoit du terrible & du magnifique, & faisoit un contraste agreable avec la douceur & la naiveté de la danse des trois Graces.

Comme cette danse finissoit, Bacchus ayant le verre en main, se tourna avec un air riant vers le buffet, & regardant Silene & les Satyres, il chanta ces paroles :

Allons mes chers enfans, & vous pere Silene,
Qui ne m'avez jamais abandonné,
Beuvons, beuvons à taſſe pleine,
Au Prince qui nous eſt donné.

SILENE & les SATYRES reprirent.

Beuvons, beuvons à taſſe pleine,
Au Prince qui nous eſt donné.

BACCHUS.

Que chacun de ce jus enlumine ſa trogne,
Et faſſe honneur au Prince fortuné
Du fameux terroir de Bourgogne.

SILENE & les SATYRES.

Que chacun de ce jus enlumine ſa trogne,
Et faſſe honneur au Prince fortuné
Du fameux terroir de Bourgogne.

BACCHUS

BACCHUS.

Il vaincra comme nous les climats de l'Aurore.
Et le long du rivage More
Son bras establira nostre Empire divin.
Et son foudroyant cimeterre,
Délivrera toute la Terre
De ce Peuple maudit, qui ne boit point de vin.

SILENE & les SATYRES.

Et son foudroyant cimeterre,
Délivrera toute la Terre
De ce Peuple maudit, qui ne boit point de vin.

La Musique de Bacchus & de sa suite estoit gaye & enjoüée. Les Basses sur tout en estoient admirables. Les Satyres ne faisoient que boire, & n'en chantoient que mieux. Le bon pere Silene beuvoit aussi fort souvent, quelquefois il chantoit & dormoit tout ensemble, & il faisoit presque toutes les cadences finales en ronflant.

Quand la derniere reprise eut esté repetée une ou deux fois les Satyres & les Sylvains suivis des Pans & des Egipans, firent ſur le meſme air joüé par des Hautbois & des Cromornes, une danſe la plus groteſque & la plus plaiſante qu'on ait jamais veuë, & toute cette nation de Chevrepieds fit rage de ſes pieds tortus. Mais comme ils avoient beu avec excez, les Satyres commencerent à s'emanciper un peu trop dans leur danſe : De ſorte que Jupiter pour mettre fin à leurs emportemens, fit ſigne qu'il vouloit chanter. Auſſitoſt la ſymphonie changea entierement: Et de folaſtre & enjoüée qu'elle eſtoit, elle devint ſi grave & ſi ſerieuſe, que toute l'aſſemblée en changea de viſage & de contenance.

JUPITER.

Que de bonheur, que d'abondance,
Que de gloire & que de repos
Aux peuples qui vivront ſous l'auguſte puiſſance
De LOUIS, *de ſon Fils, & du jeune Heros*
Dont nous celebrons la Naiſſance.
Jamais le Ciel ne vit un ſi long cours
D'heureux ſuccez & de beaux jours.

Tous les DIEUX reprirent ces deux vers.

Jamais le Ciel ne vit un ſi long cours
D'heureux ſuccez, & de beaux jours!

JUPITER.

Nous pouvons deſormais dans une paix profonde
Joüir de nos heureux deſtins,
Et parmy les plaiſirs, les jeux & les feſtins
Nous repoſer ſur eux de l'Empire du monde.

Tous les DIEUX enſemble.

Nous pouvons deſormais dans une paix profonde
Joüir de nos heureux deſtins,
Et parmy les plaiſirs, les jeux, & les feſtins
Nous repoſer ſur eux de l'Empire du monde.

Cette derniere repriſe, la plus grave & la plus melodieuſe de tout ce qui avoit eſté chanté, ne fut pas pluſtoſt finie que tout s'évanoüit de devant moy, & que ſans ſçavoir comment, je me trouvay ſeul dans le meſme Cabinet où je m'eſtois retiré pour faire des vers. Je taſchay en fermant les yeux de rappeller les belles Images qui venoient de s'enfuir; car aſſeurement j'aurois veu le grand Balet des Dieux qui auroit terminé magnifiquement ce ſpectacle admirable. Je pris auſſitoſt une plume, & pendant que les idées eſtoient encore toutes fraiſches, j'écrivis ce que vous venez de lire. Mais, Madame, il y a une grande difference entre ce que j'ay veu, & la peinture que je viens d'en faire, & il n'eſt pas croyable combien les choſes perdent de leur beauté, en paſſant de la bouche des Dieux en celle des hommes. Pour les remettre à peu prés en leur premier eſtat, j'ay donné les vers à l'excellent Monſieur Oudot qui travaille preſentement à les mettre en Muſique : Vous ſçavez, Madame, comment il reuſſit à noſtre petit Opera de l'Aurore. J'eus peine à reconnoiſtre le Prologue que j'avois fait, tant ſa Muſique luy avoit donné de grace & de majeſté. Il fait ſon compte de faire chanter cette eſpece de petit Opera devant Madame la Dauphine à Verſailles. Je croy qu'il en aura ſatisfaction, & que la choſe reüſſira pour peu que le terrain ſoit preparé. Je ſuis, &c.

PERRAULT de l'Academie Françoiſe.

Permis d'imprimer. Fait ce 15. de Novembre 1682

DE LA REYNIE.

www.ingramcontent.com/pod-product-compliance
Ingram Content Group UK Ltd.
Pitfield, Milton Keynes, MK11 3LW, UK
UKHW021038260726
13994UKWH00005B/2228

9 782329 340852